에스더가 체험한 기적

이성호 지음

LIVING IN FAITH SERIES
ESTHER

Copyright © 2003 by Cokesbury

All rights reserved.
No part of this work may be reproduced or transmitted in any form or by any means, electronic or mechanical, including photocopying and recording, or by any information or retrieval system, except as may be expressly permitted in the 1976 Copyright Act or in writing from the publisher. Requests for permission should be addressed in writing to Permissions Office, 201 Eighth Avenue, South, P. O. Box 801, Nashville, TN 37202, or faxed to 615-749-6512.

Scripture quotations in this publication, unless otherwise indicated, are taken from THE HOLY BIBLE with REFERENCE Old and New Testaments New Korean Revised Version © Korean Bible Society 1998. Used by permission by Korean Bible Society. All rights reserved.

Writer: Sung Ho Lee
Cover photo credit: ©Adam Jones/Pictor International Ltd./PictureQuest

Nashville

MANUFACTURED IN THE UNITED STATES OF AMERICA

차 례

제1과 하나님이 기뻐하지 않으시는 잔치 ······· 5

제2과 일방적인 관계 ································· 13

제3과 거듭되는 음모 ································· 21

제4과 용기와 지혜를 가진 사람 ················ 27

제5과 사필귀정 ··· 35

제6과 뒤바뀐 운명 ···································· 42

제7과 구원받은 공동체 ····························· 49

제8과 대대로 기념하라 ····························· 59

제1과
하나님이 기뻐하지 않으시는 잔치
에스더 1:1-12

1. 성경 이해

에스더 1:1-3

아하수에로 (헬라어로 크세르크세스 1세) 왕은 다리오 왕의 뒤를 이어 바사 (페르시아, 오늘의 이란) 제국의 왕위에 오른 후 (에스라 4:5-6 참조), 주전 485년부터 465년까지 20년 동안 통치하였다. 그는 동쪽으로는 인도에서, 서쪽으로는 아프리카의 구스(에티오피아)에 이르기까지 넓은 영토를 가진 대제국의 왕이었다. 나라의 영토가 넓은 관계로 지방 관료들은 독자적인 권력과 군사력을 가지고 통치할 수 있었다. 아하수에로의 즉위 초기에는 왕권에 도전하는 일련의 반란을 진압해야 했다. 아하수에로 왕이 즉위한 지 3년이 되어서야 모든 반란이 진압되고, 이제 왕권이 안정된 것이다.

바사 제국에는 넓은 지역을 통치하기 위해 네 개의 왕궁이 있었으며, 왕들은 봄, 여름, 가을, 겨울을 돌아가면서 각각 다른 왕궁에 머물면서 통치하였다. 수산 궁은 왕의 겨울 거주지였다. 수산 궁을 중심으로 동쪽에는 페르세폴

리스, 서쪽에는 바벨론, 북쪽으로는 엑바타나에 다른 왕궁들이 있었다.

왕권이 안정되고 농한기인 겨울철이 되자 아하수에로 왕은 그 동안 반란을 진압하느라고 수고한 군사들을 위로하고, 지방 관료들의 충성을 확인하고, 신복들의 마음을 모으기 위해서 잔치를 베풀었다. 바사와 메대(마케도니아)의 연합 대제국의 모든 장수들과 각 도의 귀족들과 지방 관료들이 다 왕 앞에 모여왔다.

에스더 1:4-8

사람이 모이는 곳에는 나름대로 특징이 있기 마련이다. 아하수에로 왕이 소집한 잔치의 특징은 사치스럽고 방탕하다는 것이었다. 이 잔치는 무려 6개월 동안 계속되었으며, 잔치의 목적은 물론 바사 제국의 부유함과 아하수에로의 위엄이 혁혁함을 드러내는 것이었다. 6개월의 잔치가 끝나자 이번에는 빈부귀천을 가리지 않고 수산 성 안에 있는 백성을 위하여 왕궁 후원 뜰에서 7일 동안 잔치를 베풀었다. 각종 아름다운 색의 천과, 보석과, 값비싼 실내 장식이 동원되었다. 마음껏 취하고 즐기라고 마시는 술에도 제한을 두지 않았다. 왕궁에서 그렇게 잔치를 베풀 때면 일반 백성은 그 비용을 감당하느라고 고생하는 것이 당연한 일이다. "춘향전"에 보면 이 도령이 어사또가 되어 변사또의 잔치에 가서 이런 시를 읊는 장면이 나온다.

금잔의 아름다운 술은 천 사람의 피요
옥쟁반의 아름다운 안주는 만백성의 고통이요

촛농이 떨어질 때 백성의 눈물이 떨어지고
음악소리 높은 곳에 원망 소리도 높구나.

지도자가 할 일은 백성의 아픔을 돌보고 살림을 살피는 일이지만, 권력을 가진 사람들은 자신들의 권력을 과시하기 위해서 다른 사람에게 고통 주는 일들이 많이 있다. 이것은 경계할 일이다.

에스더 1:9

왕후 와스디("최고"라는 뜻이며, 아마 최고의 미인이라는 의미일 것이다)도 왕궁에서 부녀들을 위하여 잔치를 베풀었다. 원래 바사 궁정의 법도에는 남녀가 함께 잔치를 베푸는 것이 보통이었다. 그러므로 이처럼 따로 잔치를 벌렸다는 것은 다소 특별한 경우라고 할 수 있다. 사실 학자들간에는 이 잔치가 남자들이 성적으로 아주 문란한 행동을 벌이는 잔치였기 때문에 왕후가 참석하기를 거부했다고 주장하는 사람도 있다.

에스더 1:10-11

이제 6개월 동안의 잔치도 끝이 나고, 그것이 아쉬워서 다시 베푼 두 번째의 7일 잔치의 마지막 날이 되었다. 자신의 권력과 영화를 마음껏 과시한 이 잔치는 과연 어떠한 모습으로 막을 내릴 것인가? 모든 나무는 그 열매를 보고 알 수 있다고 하였다.

마태복음 14장에 보면, 헤롯이 왕궁에서 생일잔치를 베풀면서 헤로디아의 딸이 춤을 춘 대가로 헤롯과 헤로디아의 결혼을 도전한 세례 요한의 목을 내어주었다는 이야기가 기록되어 있다 (마태복음 14:1-12). 헤롯 왕과는 반대로, 예수님은 들판에서 말씀의 잔치를 베풀고 한 어린아이가 가지고 온 도시락으로 오천 명이 배불리 먹고 열두 광주리가 남는 기적을 행하시는 기록을 읽게 된다 (마태복음 14:13-21). 헤롯의 잔치는 하나님의 종의 생명을 빼앗는 것으로 막을 내리고, 예수님의 잔치는 말씀을 나누고, 양식을 나누고, 풍성하게 남는 것으로 막을 내린다.

아하수에로의 잔치는 주흥이 일어난 왕의 명령으로 그 마지막을 준비한다. 왕은 어전 내시 일곱 사람에게 왕후를 모셔 오라고 청하였다. 그 일곱 명의 어전 내시는 므후만, 비스다, 하르보나, 빅다, 아박다, 세달, 가르가스이다. 이 일곱 명의 내시는 14절에서 "왕의 기색을 살피며 나라 첫자리에 앉은" 일곱 명과 다른 사람들이다. 그 14절의 첫자리에 앉은 다른 일곱 명은 가르스나, 세달, 아드마다, 다시스, 메레스, 마르스나, 므무간이다. 10절에 나오는 일곱 명은 내시들로서 왕후와 후궁들에게 연락할 일이 있을 때 일하는 사람들이고, 14절에 나오는 일곱 명은 왕이 무슨 표정을 하고 있는지를 잘 지켜보면서 그 생각을 읽어내어 듣기 좋은 말로 왕의 비위를 맞추어 출세한 자들이다. 두 그룹의 신하들 모두가 왕의 정욕과 자기 중심적인 생각을 채우는 데 필요한 사람들이다. 이들은 바른 말로 왕을 충고하는 충신이나, 하나님의 말씀으로 왕을 바로 잡아 주는 예언자가 아니다. 이미 왕은 자기 욕심을 채워줄 14명의 사람의 벽에 둘러싸여 있고, 술까지 취하였으니 무슨 일이 벌어지겠는가!

아하수에로 왕은 왕후의 용모가 아름답기 때문에 그녀를 자랑하기 위하여 모든 하객들 앞으로 나오라고 명하였다. 우리는 여기서 왕과 왕후와의 관계가 인격적인 관계가 아니라는 사실을 알 수 있다. 사람들 중에는 부인의 용모를 파티에서 내세우기 위해 아름다운 여인을 아내로 고르는 이들도 있다. 이런 사람은 부인이 자기 과시용이지 대화와 사귐을 나누는 사랑의 관계가 아니다.

에스더 1:12

바사와 같은 절대적인 군주주의 나라에서 왕후가 감히 왕명을 거부하였다는 것은 참으로 놀라운 사실이다. 이런 점 때문에 학자들 사이에서는 와스디 왕후가 왕명을 거부한 이유를 놓고 의견이 분분하다. 유대 랍비들은 이 구절을 해석할 때, 아하수에로 왕이 와스디 왕후에게 왕후의 관만 쓰고 나체로 나오라고 해서 거절했다고 해석한다. 이것과 같은 맥락에서 여성 신학자들은 와스디가 남자들만의 쾌락의 잔치에 참여하기를 거절했다고 해석하고 있다. 즉 왕과 왕후가 따로 잔치를 베푼 것 자체가 왕의 잔치는 남자들만의 쾌락을 위한 잔치여서 여자들이 차마 눈뜨고 볼 수 없는 지저분한 일들을 벌이기 때문이었다는 것이다. 여기에서 왕후에게 관만 쓰고 나체로 나오라는 것은 왕후의 아름다움을 희롱거리로 삼으려는 의도가 있었다는 것이다. 이것은 반 년 동안이나 잔치를 베푼 상태를 생각해 볼 때 일리가 있는 설명이다. 이러한 설명을 액면 그대로 받아들이지 않는다고 하더라도, 술에 취하여 왕후의 용모를 자랑하려고 내린 왕의 명령이 부인을 여러 사람들 앞에서 인격적으로 소개하기 위한 것이 아니었음이 분명하다. 이러한 사실을 알고 있는 왕후가 그 명령을 단호하게 거부한 것은 이해할 수 있다. 그 당시 왕의 명령을 거절하는 것은 죽음을 초래할 수 있는 일이라는 것을 생각해 보면, 와스디 왕후는 여성 신학자들이 이야기하는 대로 에스더 못지 않게 용기 있는 여성이라고 할 수도 있다.

이제 왕후의 반응을 접한 왕은 진노하여 중심이 불붙는 듯하였다. 진노의 핵심에는 체면이 손상되었다는 것이다. 헤롯 왕이 손님들 앞에서 자기가 약속한 것을 지키고, 자신의 체면을 세우기 위해 세례 요한의 목을 베어 죽였듯이, 아하수에로 왕은 자신의 체면을 지키기 위해 무슨 행동을 취할 것인가?

2. 생활 속의 이야기

하루는 어떤 분이 식사 대접을 하고 싶으니 만나자고 하였다. 그런데 한 시간 이상 떨어진 고급 식당으로 가야 한다는 것이다. 바쁜 일정이었지만 성의를 생각해서 거절할 수 없는 입장이었다. 따라나서면서 그 분의 사정을 알게 되었다. 자녀 분이 이번에 학교에서 전교 수석을 하였는데, 자랑하고 싶어도 목사님밖에는 마음놓고 자랑할 사람이 없다는 것이었다. 친한 친구들에게 자랑하자니, 그들의 자녀들이 성적이 좋지 않아 대학에 갈 일을 걱정하고 있는데 차마 그들에게 자랑할 수가 없다는 것이다. 그래서 목사님이 제일 부담이 없어서 불렀으니 자랑 좀 들어주시고 마음껏 축복해 달라는 것이었다. 점심만 생각한다면 한 끼 먹는데 많은 낭비가 되겠지만 목회의 일부라고 생각해서 같이 기뻐해 주고, 밥도 잘 먹어주고, 마음껏 축복해 주었다. 그리고 이왕 밥을 살 작정이면 몇 사람 더 부르자고 했다.

그 분의 눈이 둥그래지면서 누구를 부르냐고 할 때, 이북의 주민 몇을 부르자고 했다. 이것을 설명하면 다음과 같다. 전국연합회 산하 통일위원회에서는 오병이어 운동을 벌리고 있는데, 우리에게 좋은 일이 있을 때마다 이북 주민들이 우리의 돌잔치, 결혼잔치, 수석축하 등 모든 잔치에 왔다고 가정하고, 그 액수만큼 헌금을 해서 이북에서 운영하고 있는 국수 공장에 밀가루를 사서 보내자는 것이다. 이렇게 하면, 나는 나의 자랑거리를 털어놓고 마음껏 베풀어서 좋고, 이북의 형제자매들은 질투나 시기심을 갖지 않고 축하하는 데 동참해서 좋은 일이다. 기분 좋은 김에 그 분이 얼마간 헌금을 해서 우리 교회 이름으로 오병이어를 위한 헌금을 하였다. 목사님 모시고 식사 대접 근사하게 하는 것도 좋지만, 이북의 굶는 이들 몇 사람에게 국수라도 여러 그릇 대접하면 얼마나 더 좋은 일인가! 앞으로 성도님들이 성공하고, 출세하고, 많은 재물을 모으는 축복을 받기를 바란다. 그리고 그 재물을 통해 하나님이 기뻐하시는 잔치를 벌리시기를 바란다.

3. 묵상을 위한 질문

(1) 내가 지금까지 베푼 잔치 중에 하나님이 기뻐하실 만한 잔치는 몇 번이나 있었는가?
(2) 사람을 대할 때, 인격적인 관계로 대하지 않고 나의 욕심과 체면을 위해서 다룬 경험이 있는가?

4. 결단에의 초청

믿는 사람들의 삶은 축제입니다. 먼저 예수 믿고 구원받았으니 구원받은 기쁨을 주일마다 표현하는 주일 예배가 축제입니다. 구원받은 것만으로도 황송한데 사역을 맡기시니 임직 예배가 축제입니다. 이러한 축제마다 잔치를 베푸십시오. 하나님이 기뻐하시는 잔치를 베푸시기 바랍니다. 먼저 내가 가지고 있는 재능과 자원을 생각해 봅시다. 하나님께서 그러한 재능과 자원을 주신 이유를 생각해 봅시다. 그리고 나서 잔치를 준비한다면 아마 풍성하고 기쁜 잔치가 될 것입니다.

제2과
일방적인 관계
에스더 1:13-2:18

1. 성경 이해

에스더 1:13-14

왕후의 거절에 접한 왕은 진노하여 중심이 불붙는 듯하였다. 그리고 술에 취하고, 감정이 격한 왕은 판단력을 상실하였다. 이럴 때를 대비해서 사례를 아는 박사들이 주변에 있는 것이다. 아하수에로 왕의 비극은 "규례와 법률을 아는 자에게 묻는 전례"가 있어도 그것이 형식적이라는 데 있다. 실질적으로 왕의 주변에 있는 사람들은 "왕의 기색을 살피며 나라 첫 자리에 앉은 자"들뿐이었다. 왕의 눈치와 심기를 살펴서 입맛에 맞는 이야기를 해주는 사람들뿐이라는 것이다.

에스더 1:15-20

"규례대로 하면 어떻게 처치할까"라는 물음에 "규례와 법률에는 이렇게 되어 있습니다"라는 답이 나오지 않는다. 므무간은 14절에 나오는 일곱 사람들 중에서 가장 나중에 이름이 나오는 사람이다. 서열 순으로 이름을 적는 고대의 관습을 고려한다면, 서열이 제일 낮은 사람이었다. 그런데, 므무간은 이 기회를 서열 상승의 절호의 기회로 삼았다. 그래서 규례를 찾기보다는 왕이 심중에 생각하는 바를 대변하려고 나섰다.

므무간은 왕후의 행위가 왕을 멸시한 행위라는 점을 강조하기 위해서 그 행위의 소문이 전국에 퍼지면 다른 부인들도 남편들을 멸시하는 좋은 구실과 모범이 될 것이라는 논리를 편다. 그러므로 한 사람을 벌하여 백 명에게 경계를 주는 원칙에 따라 왕후를 폐하고 새로운 왕후를 뽑으라고 하는 것이다.

그러나 이것이 와스디에게는 벌이 아니라 해방이 될 수 있다. 와스디는 그렇지 않아도 자기를 인격적으로 사랑하지 않는 왕에게 굴욕을 당하는 것보다는 차라리 죽을지언정 왕 앞에 나가지 않기를 소원한 사람이다. 그 사람을 다시는 왕 앞에 나오지 말라고 하니 이것은 형벌이 아니라 자유이다.

게다가 이 조서를 전국에 반포하면 귀천을 막론하고 모든 부녀가 그 남편을 존경한다고 하니 이런 코메디가 없다. 부부 사이의 존경은 서로 존중하고 아껴주는 데서 싹트는 것이지, 임금님의 조서로 생겨나는 것은 아니다. 이렇게 해서 부인들이 남편을 존경하는가?

에스더 1:21-22

아하수에로 왕의 비극은 자기의 입맛에 맞는 간신의 말을 선하게 여긴 데 있다. 상식에도 어긋나고 규례와 법률에도 없는 일들이 단지 왕의 기분을 좋게 한다는 이유만으로 그대로 왕의 조서가 되어 반포되었다. 남편이 그 집을 주관하라는 것이 왕의 조서로 반포되어야 할 일인가! 그리고 그 조서를 내린 왕은 지금 자기 아내의 마음도 움직이지 못하는 사람이 아닌가! 그리고 이 법안의 내용을 바사 언어로만 공포하면 알아듣지 못하는 사람이 있을 것을 우려하여 각 민족의 방언으로 다 번역하여 공포하게 하였다. 그러나 다른 언어를 사용하는 민족들이 이런 조서를 받고 강대국 바사의 말을 들을 것인가 아니면 속으로 코웃음을 칠 것인가를 판단할 수 없는 것이 안타깝다.

에스더 2:1-4

그 후에 왕의 노가 그치매 왕은 와스디 왕후에게 내린 조서가 생각났다. "그 후"라는 것은 3년이 지난 후를 말한다. 왕이 즉위 제3년에 큰 잔치를 베풀다가 왕후를 폐위시켰다 (에스더 2:12-16 참조). 왕후 와스디를 폐위시키고 나서 3년이 지나면서 정작 아쉬운 사람은 와스디 왕후가 아니라 왕 자신이었다. 왕이 이렇게 아쉬워하는 것을 눈치를 챈 시신들은 외모가 출중한 새로운 왕후를 찾을 것을 왕에게 건의한다. 왕은 그 말을 좋게 여겨 그대로 행하였다. 이러한 표현이 나올 때마다 왕의 일방적인 욕심과 무지함이 나타난다.

에스더 2:5-7

모르드개는 바벨론 신의 이름인 마르둑에서 나온 이름이다. 그러므로 모르드개가 바벨론의 문화를 적극 수용하였다는 사실을 그의 이름만 보고도 알 수 있다. 그러나 그가 베냐민 자손이고, 기스의 증손, 시므이의 손자, 야일의 아들이라면 이스라엘의 초대 왕이었던 사울의 집안과 관계되어 있는 것을 또한 알 수 있다. 사무엘상 9:1을 보면 사울은 기스의 아들이었고, 사무엘하 16:5를 보면 시므이는 사울의 집 족속의 하나라고 되어 있다. 그러므로 모르드개는 이스라엘 민족의 긍지를 지닌 집안에서 태어났으면서도 이방 문화에 대해 긍정적인 태도를 가지고 살았던 것을 알 수 있다. 에스더의 경우도 히브리 이름으로는 하닷사이지만, 바사의 이름으로 에스더이다. "별"을 뜻하는 에스더라는 이름을 사용한 것으로 보아 모르드개와 비슷한 태도를 가지고 있었음을 알 수 있다. 이들은 이방 정부를 정복하고 혁명을 일으켜 하나님의 나라를 세우겠다는 태도와는 거리가 멀고, 이방 사회를 긍정하고, 주어진 여건 속에서 하나님의 뜻을 실천하겠다는 자세를 가지고 있었다.

모르드개가 유다 왕 여고냐와 함께 바벨론에 포로로 잡혀왔다면 (6절), 열왕기하 24:10-12에 따라 여고냐 (여호야긴) 왕과 함께 주전 597년에 포로로 잡혀 온 사람들 중의 하나라는 셈이 된다. 그렇다면 모르드개의 나이가 적어도 112살 이상(주전 597-485)이라는 계산이 된다. 즉 모르드개가 아주 갓난아기일 때 잡혀와서 현재 궁중 관리로서 살고 있다면, 적어도 140세 정도는 되었을 것이다. 그래서 어떤 학자들은 이 나이가 너무 많다고 하여 6절의 표현은 "모르드개"가 잡혀 온 것이 아니라 "모르드개의 집안"이 잡혀 온 것으로 보는 사람도 있다. 그러나 140세까지 사는 것이 불가능한 것은 아니다.

* 에스더의 아버지는 아비하일("나의 아버지는 강하다"는 뜻, 2:15 참조)이라는 이름을 가진 사람으로서 왕후가 되기에 족한 신분임을 암시하고 있다. 모르드개와 에스더 모두 이스라엘의 귀한 집안의 사람들이었다.

에스더 2:8-11

에스더가 왕궁에 들어가게 된 동기는 타의에 의한 것이었다. 왕명이 반포되어 외모가 좋은 처녀들이 모두 강제로 징집되었던 것이다. 그러나 에스더가 왕후가 되는 것을 적극 피한 것도 아니었다. 왜냐하면 에스더는 자신의 민족과 종족에 대하여 말하지 않았다. 혹시라도 유대인이기 때문에 당할 수도 있는 불이익을 면하고자 하였기 때문이다. 물론 모르드개가 시킨 일이라는 점을 감안한다면 적어도 모르드개는 에스더가 바사의 왕후가 되는 것을 바랐다고 볼 수 있다. 모르드개는 매일 후궁 뜰 앞을 왕래하며 일이 되어져 가는 것을 궁금해하였다. 그는 에스더가 왕후가 되기를 간절히 바라고 있었던 것이 틀림없다.

에스더는 주변 사람들이 시키는 대로 따르는 순종형이었던 것은 틀림없다. 이 점이 왕명을 거역한 와스디와 완전히 대조되는 점이며, 바사 왕 아하수에로는 외모는 와스디와 버금가면서도 성격적으로는 반대되는 바로 이런 여자를 찾고 있었던 것이다. 왕의 성격을 잘 아는 궁녀 헤개가 에스더를 좋게 본 것은 당연하였다.

에스더 2:12-14

여기서 에스더는 차례대로 왕에게 나아가는 많은 처녀들 가운데 한 명에 불과하다. 왕에게 나아갈 때에는 그가 원하는 것을 다 가지고 나갈 수 있었다. 단 한 번의 잠자리로 왕이 자기에게 호감을 가지게 할 수 있을 것인가 아닌가가 달려있기 때문이었다. 그러나 그 모든 노력에도 불구하고 그 처녀들의 운명은 전적으로 왕에게 달려있었다.

에스더 2:15-18

에스더는 다른 여인들과 다른 점이 하나 있었는데, 그것은 자신의 의지와 자유와 판단력을 유보하고 궁녀를 주관하는 내시 헤개가 정한 것만 가지고 들어갔다는 점이다. 물론 헤개는 왕의 모든 심정을 파악한 사람이므로 에스더의 판단은 아주 지혜로운 판단이었다. 헤개는 에스더를 내심으로 왕후감으로 보았고 (2:9 참조) 자신이 아는 모든 지식을 동원해서 에스더를 왕의 눈에 들게 했을 것이다. 결국 자기 주장을 하지 않은 순종형인 에스더가 왕후가 되었다. 비록 왕과 에스더의 관계가 일방적인 관계이기는 하지만, 에스더 왕후의 덕에 많은 사람들이 상을 받고, 각 도에 세금이 면제되었다는 것은 앞으로 에스더가 많은 사람들에게 덕을 끼치는 왕후가 되리라는 좋은 신호로 볼 수 있다.

2. 생활 속의 이야기

일본에서 왕세자비가 딸을 낳았다. 그런데 아이들에게는 자주 만져주고 안아주는 것이 정서 발달에 중요하다는 연구 결과가 있다는 것을 알고는 일본 황실에서는 왕세자비에게 그 딸을 자주 만져주고 안아주기를 권하였다. 그러나 왕세자비가 힘이 든다고 딸을 자주 안아 주지 않자 법률을 제정하고 공포하였다. 그것은 왕세자비로 하여금 딸을 하루에 세 번씩 의무적으로 안아주라고 하는 내용의 법률이었다. 이것은 옛날 옛적의 이야기가 아니라 서기 2001년의 일이다.

물론 일본 사람들은 모든 것을 법대로 처리하기를 좋아한다고 한다. 그래서 사적인 감정이나 인간 관계로 일을 처리하기보다는 규정과 법을 앞세운다고 한다. 그것은 투명한 행정을 위해 좋은 것이다. 그러나 어머니가 딸을 안아주는 것을 법으로 제정한다는 것은 비극이다. 어머니나 아버지가 자녀를 안아주는 것은 사랑의 표현이다. 부모는 자녀가 너무 예뻐서 그냥 안아주는 것이다.

부모와 자식간의 애정 표현만이 아니라 부부간에도 마찬가지다. 사람을 사랑하라는 내용을 법률로 정한다는 것은 있을 수 없는 일이다. 사랑의 감정은 서로가 존중하는 가운데 자연스럽게 생기는 것이다.

3. 묵상을 위한 질문

(1) 내가 진정으로 존경하는 신앙의 선배, 동료, 후배로는 누가 있는가? 왜 그들을 존경하는가?
(2) 나의 배우자나 나의 자녀들이 나를 존중하고 있다고 생각하는가? 혹시 일방적인 관계를 맺지는 않았는가?

4. 결단에의 초청

우리가 갖는 인간 관계는 서로 존중하는 가운데 서로를 발전시킬 수 있습니다. 일방적으로 나의 욕구에 상대방이 맞추기를 바라는 관계는 한 사람의 인격을 희생하는 결과를 초래하게 됩니다. 우리는 많은 경우에 나의 이익과 편리를 위해 다른 사람의 인격을 이용하려는 유혹을 받게 됩니다. 그러나 성경은 이러한 유혹을 단호하게 물리치라고 가르칩니다. 이러한 유혹이 있을 때, 하나님의 말씀을 기억하고 상대방의 인격을 존중하는 관계를 이루기 위해 기도해야 합니다. 함께 성장하지 않으면 함께 죽습니다. 우리 주님은 우리를 살리기 위해 당신이 죽으셨습니다. 우리들은 함께 성장하는 인격적인 관계를 만들기 위하여 나의 욕심을 죽이라는 주님의 명령에 순종합시다.

제3과
거듭되는 음모
에스더 2:19-3:15

1. 성경 이해

에스더 2:19-23

"처녀들을 다시 모을 때"라는 구절은 아하수에로 왕의 탐욕을 나타내 주는 구절이다. 이미 수많은 궁녀와 왕후 비빈이 있음에도 불구하고 왕은 처녀들을 다시 모으고 있었다. 이 때 모르드개는 대궐 문에 앉아 있었다. 대궐 문은 각종 정보가 드나드는 곳이기 때문에 모르드개는 국가 정보를 총괄하는 부서에서 일을 한 것으로 보인다. 왕이 정치에 전념하지 않고 탐욕에 눈이 어두웠기 때문에 바사 제국에는 크고 작은 끊임없는 반란 시도가 있었다. 모르드개는 국가 정보를 총괄하는 자리에 있었기 때문에 이러한 반란 시도를 미리 탐지할 수 있었다. 내시 빅단과 데레스 두 사람이 아하수에로에게 원한을 품고 모살하려는 것을 미리 알아낼 수 있었던 것도 모르드개의 직무와 관련이 있다.

에스더 3:1-4

왕이 정치에는 관심이 없고 자기의 탐욕만 채우려 할 때, 왕의 권한을 가로채려고 하려는 사람이 생긴다는 것은 동서 고금의 일반적인 현상이다. 하만은 왕을 꼭두각시로

만들어 놓고 정권을 행사하기 위한 일을 꾸몄고, 어느 정도 성공하였다. 대궐 문에 있는 모든 신복이 하만에게 절하고 그의 권력을 인정하였다. 그러나 모르드개는 하만에게 절하는 것을 거절하였다.

　모르드개가 하만에게 절하지 않은 이유에 대해 학자들 사이에는 몇 가지 학설이 있다. 첫째로, 하만이 반란을 음모하는 빅단과 데레스와 관련되어 있다는 설이다. 모르드개는 반역자에게 절을 할 수는 없었다고 보는 학설이다. 둘째로, 하만이 아각의 후손이라는 설이다. 사무엘상 15:8-33을 보면, 사울이 아말렉 왕 아각을 살려 주었다가 왕권을 상실한 기록이 나온다. 사울의 후손인 모르드개는 자기의 선조가 아각을 살려 두었다가 하나님의 진노를 산 사실을 알고 아각의 후손에 대해 적대적이었다고 보는 것이다. 셋째로, "아각 사람"이라는 성경의 표현은 성전을 더럽힌 페르시아 장군 "바고이"를 말한다고 보는 학설이다. "바고이"에 정관사 "하"가 붙어서 "하바고이"라고 써야 되는데, 이것이 "하 아고이"라고 본문이 손상된 것이며, 이것을 아각 사람이라고 읽게 되었다는 견해이다. 그렇다면 성전을 더럽힌 바사의 장군에게 유다인인 모르드개가 절을 할 수는 없는 것이다.

　어느 학설이 가장 정확한 설명인지 알 수 없지만, 모르드개는 종교와 정치적인 이유가 복합되어 하만에게 절을 하지 않았을 것이다. 다만 모르드개는 하만에게 절하라고 날마다 권하는 사람들에게 자기가 유대인이기 때문에 하만에게 절을 할 수 없다고 말하고 있을 뿐이다. 에스더에게 유대인임을 권하지 말라고 충고한 모르드개의 처세술을 생각해 보면 이것은 다소 의외라고 볼 수도 있다. 그러나 이제는 그만큼 모르드개의 정치적인 입장이 강화되어 유대인과 아각 사람과의 정치적인 투쟁에서 자신감을 가진 것으로 볼 수도 있다.

에스더 3:5-6

만약에 빅단과 데레스의 반역이 하만과 관련이 있었고, 모르드개가 이것을 사전에 발견하여 처단하였다고 하면 하만의 입장에서는 모르드개가 언젠가는 자신의 관련을 밝혀 낼 것 때문에 노심초사했을 것이다. 관련이 없었다고 하더라도 실권에 대한 야심이 있는 하만으로서는 왕에게 목숨을 걸고 충성을 다짐하는 모르드개의 존재가 부담이 되었을 것이다. 모르드개를 제거하기 위해 도덕적이거나 법적인 흠을 찾을 수가 없게 되자, 유대인들이 우상에게 절하지 않는다는 신앙적인 절개가 있다는 것을 이용해서 모르드개와 그 추종 세력을 제거할 계획을 세웠을 것이다.

에스더 3:7-11

에스더가 왕후가 된 지 5년이라는 세월이 흘렀다. 그 당시 국가의 실권은 하만에게 점점 넘어가고 있었다. 하만은 모르드개를 제거하기 위한 몇 가지 계략을 세웠다.

첫째로, 자기가 믿는 신들의 도움을 얻기 위해 제비를 뽑았다. 정월에 제비를 뽑았는데, 얄궂고도 신기한 일은 정월(니산월)이 이스라엘 민족에게는 구원의 달로써 유월절이 있는 달이다. 이 달에 부르("제비"라는 뜻), 즉 운명을 결정하기 위해 던지는 돌멩이를 던져서 십이월(아달월)에 유다인을 처단하는 것이 좋겠다는 점괘가 나왔다. 유다인은 열 한 달이라고 하는 시간을 벌 수 있게 된 것이다. 유다인에게 구원의 희망이 있게 된 것이다.

둘째로, 하만은 왕에게 자기가 제거하기를 원하는 민족이 어느 민족이라는 것을 밝히지 않았다. 모르드개가 이미 자신이 유다인이라고 밝혔기 때문에 만약에 유다인을 죽이고자 한다고 할 때, 만에 하나, 왕이 모르드개를 죽이기 위한 계획임을 알게 된다면 일이 복잡해질 수도 있었다. 그러므로 어느 민족이라는 것은 미리 밝히지 않았다.

셋째로, 하만은 왕에게 일만 달란트의 뇌물을 제공하였다. 당시의 바사 왕의 일년 수입이 14,560 달란트라는 기록으로 보아 이것은 상당한 액수였다. 날마다 탐욕스러운 잔치를 베풀기 위해 왕은 재정이 필요했다. 왕은 굳이 그 민족의 이름을 알려고 하지도 않았다. 여기서 돈과 쾌락에만 관심 있는 통치자의 모습을 볼 수 있다.

에스더 3:12-15

조서가 반포된 날도 정월 13일이고, 유다인을 죽이기로 한 날도 12월 13일이었다. 13일은 바벨론, 페르시아에서 불길한 날로써 보름달(샤파투)과 관련되어 있었다. 요즘 서양에서도 13일을 불길한 날이라고 하는 미신도 이러한 풍습에서 기원하고 있다.

이 조서의 내용은 남녀노소를 막론하고 죽이라는 것과 재산을 빼앗으라는 것으로 되어 있다. 하만이 왕에게 바치기로 한 일만 달란트의 뇌물은 이렇게 강탈한 재산으로 충당하려고 한 것이었다.

이 조서는 각 도에서 사용하고 있는 언어로 번역되었다. 바사(페르시아)에서는 페르시아어, 아람어, 아카드어가 사용되었다. 에스라 6:2-5에 나오는 고레스의 칙령은 아람어로 쓰여졌다. 그러므로 이 칙령도 이 세 가지 언어로 번역되었을 것이다.

이러한 조서에 대해 수산 성의 일반인들의 반응은 걱정으로 가득 차 있었다. "수산 성은 어지럽더라"는 표현은 일반인들이 혼란스러운 표정으로 이 조서에 대해 불안을 나타낸 것을 보여준다. 그러나 왕과 하만은 둘만의 잔치를 베풀고 있다. 수많은 사람들을 죽일 계획을 세워 놓고 궁정동에서 술잔치를 벌이고 있던 우리나라의 정치가들의 모습에서 볼 수 있듯이 억압자들은 백성의 생명보다는 자신의 권력과 탐욕에만 관심을 가지고 있다.

2. 생활 속의 이야기

정치인으로서 권력을 유지하느냐 아니면 백성의 생명을 존중하느냐에는 때때로 선택의 문제가 개입된다. 우리가 기억하기로 이승만 정권은 학생들의 데모대가 밀어닥칠 때, 비록 힘에 밀리기는 했지만 백성의 생명을 존중하기 위하여 대통령직을 내놓고 망명하기로 선택하였다. 박정희 정권 때는 부마 사태가 벌어졌을 때, 탱크로 밀어붙이자는 차지철과 이에 반대하는 김재규의 총격 사태로 대통령이 서거하는 결과를 초래하게 되었다. 만약에 총을 쓰지 않기로 한 김재규의 제안을 박정희 대통령이 받아들이고 결단을 내렸다면, 하야하고 망명하였을지 혹은 백성이 수없이 죽었을지 의문이다. 그런 의문은 어떤 면에서 전두환과 노태우 대통령과 그의 추종자들이 광주 사태에서 답

변해 주었다. 그들은 권력 유지를 위해 백성의 생명을 무시하는 결정을 하였던 것이다. 백성의 생명을 무시하는 지도자를 견제하고, 백성의 생명을 존중하는 지도자가 설 수 있도록 하는 것이 하나님의 백성이 할 일이다.

3. 묵상을 위한 질문

(1) 재산상의 이익을 얻기 위해 사람의 생명을 해치는 일은 어떤 것이라고 생각하는가? 부실공사나 부정식품을 눈감아 줌으로써 큰 피해를 자아낸 예를 들어보자.
(2) 개인의 이익 때문에 부정한 것임을 알면서도 동의해 본 경험이 있는가?

4. 결단에의 초청

우리는 약하고 겁이 많기 때문에 침묵하는 경우가 있었습니다. 우리는 이익을 얻기 위해 소극적으로 잘못에 동참한 경우도 있었습니다. 그러나 이제 하나님의 뜻을 알고 나니 그 모든 것이 부끄럽습니다. 사람의 생명은 무엇보다도 중요한 것인데 우리가 생명을 가볍게 여기고 물질과 권력, 이익과 자리에 연연한 것을 회개합니다. 이제는 그렇게 살지 않겠다고 하나님 앞에 다짐하십시다. 그리고 하나님의 도우심으로 생명을 살리는 일에 헌신하겠다고 다짐하십시다. 하나님은 우리의 결단에 동참하시고 도와주실 것입니다. 우리가 무엇을 하며 살든, 하나님의 뜻을 실천할 기회와 도전은 매일 주어집니다. 매일 승리하기를 빕니다.

제4과
용기와 지혜를 가진 사람
에스더 4:1 – 5:8

1. 성경 이해

에스더 4:1-4

유다 민족의 비극적인 운명을 알게 되었을 때, 모르드개가 보인 행동은 슬픔과 회개를 겸한 행동이다. "옷을 찢고"라는 표현은 창세기 37:29에서 르우벤이 요셉이 죽은 줄 알고 보인 행동이다. "베 옷을 입고"라는 표현은 창세기 37:34에서 야곱이 요셉이 죽은 줄 알고 보인 행동이다. "머리에 재를 뒤집어쓰고"라는 표현은 사무엘하 13:19에서 다말이 암논에게 강간당한 후에 보인 행동이다. "대성 통곡하며"라는 표현은 사무엘하 18:33에서 다윗이 아들 압살롬의 죽음을 알고 보인 행동이다. 즉 성경의 많은 곳에 나타난 슬픔과 회개의 결합이 모르드개의 행동을 통하여 잘 나타나 있다.

그러나 이러한 행동은 모르드개 한 개인만이 보인 행동은 아니었다. 유대인들은 한 공동체로서 똑같은 행동을 보였다. 공동체의 통회는 요나서에 나오는 니느웨의 경우에서도 볼 수 있다. 공동체가 한 마음이 되어 통회한 것이다. 이러한 공동체로서의 유다인의 행동과 개인으로서의 모르드개의 행동에 대해서 에스더가 보인 반응은 모르드개 개인에게 다른 옷을 보내어 입게 한 것이다.

이것은 에스더와 모르드개의 거리감을 나타낸다. 에스더는 바사의 왕후로서 자신의 체면이 깎이는 이상한 행동을 하는 사촌오빠를 말리려고 하는 개인적인 관심에서 행동하고 있고, 모르드개는 비록 바사의 궁중에서 고위 관직에 있지만 유다 민족의 운명과 자신의 운명을 동일시하는 민족적인 관점에서 행동을 하고 있다. 아직까지 우리들은 에스더에게서 민족을 위해 자신을 희생하는 모습을 볼 수 없다. 에스더는 심지어 자기 민족에게 무슨 일이 벌어지고 있는 것도 모르는 상태에 있다. 그만큼 그녀는 민족의 문제와는 상관없이 살아가고 있다는 것이다.

에스더 4:5-11

에스더는 민족의 상황을 알지도 못했지만 알고 나서도 모르드개처럼 슬픔과 회개의 태도를 보이지 않는다. 모르드개는 자기 개인이 하만에게 당한 대접과 동시에 하만이 왕에게 뇌물을 제공한 내용과 액수도 말하고, 나아가 유다인을 진멸하라는 왕의 조서 초본도 하닥을 통해 에스더에게 주었다. 그리고 자기 민족을 위해 간절히 구하라고 부탁하였다. 그러나 여기에 대한 에스더의 반응은 아주 개인적인 것이었다.

에스더는 민족의 운명과 모르드개의 처지에 대해서 한 마디의 언급도 없다. 현실적으로 아무 조치를 취할 수 없다 하더라도 최소한 슬픔의 표시를 하거나 탄식을 할 수 있었을 것이다. 그러나 철저하게 바사의 왕후로서의 자세를 견지한다. 자신이 왕의 부름을 받지 못한 지가 30일이 지났다는 것과 부름을 받지 않고 나가면 죽을 수도 있다는 점만 이야기한다. 왕후가 된 지 5년이 지났는데도 아직도 불안한 지위를 가지고 있다는 점과 개인적으로 그 자리를 유지하는 것이 최대의 관심이었던 것을 알 수 있다.

에스더 4:12-17

에스더의 지극히 개인적인 태도에 접한 모르드개는 민족의 운명에 대해 에스더에게 도전한다. (1) 다른 사람이 다 죽어도 나 혼자 살 수 있다면 된다고 생각하지 말라. (2) 네가 돕지 않아도 우리 민족은 어떻게든 살아날 것이다. (3) 그러나 돕지 않은 너는 멸망을 당하게 될 것이다. (4) 너의 권력과 지위는 바로 다른 사람을 구하기 위한 것이다.

이러한 강력한 도전을 받고 에스더는 마음을 돌렸다. 이렇게 도전을 받고도 마음을 돌리지 않았다면 역사와 민족 앞에 죄인이 되었을 것이다. 중요한 것은 그녀가 다시 생각하고 태도를 바꾸었다는 점이다. 평범한 생활에 익숙한 우리는 사실 민족의 운명과 나의 삶을 연결시킨다는 것이 자연스럽지 않다.

에스더가 부탁한 내용을 보면 전통적인 유다인의 절기인 유월절을 지키지 않았음을 알 수 있다. 출애굽기 12:1-10에 의하면, 유월절 첫 날에는 금식하지 못하게 되어 있음에도 불구하고 이 날 금식을 부탁한 것이 그 증거이다. 아니면, 해방의 기쁜 날이지만 민족의 멸망의 소식을 듣고 너무 절박하여 금식하였다고 볼 수도 있을 것이다. 그러나 바사 (페르시아) 제국의 왕후 역에 충실했던 에스더의 삶의 여러 가지 정황으로 보아 유월절에 특별한 관심을 가지고 있지 않았을 것이다. 이제 에스더는 모르드개의 이야기를 듣고 변하였다. 마치 모세가 바로에게 갔듯이 에스더는 아하수에로 왕에게 나아가기로 작정하였다. 이제는 더 이상 자신의 미모에 의지하지 않고 하나님을 의지하는 사람으로 변한 것이다.

에스더 5:1-2

드디어 3일의 금식 기도가 끝나고 에스더는 왕후의 예복을 입고 왕에게 나아갔다. 마치 군사 사백 명을 이끌고 자기를 만나러 오는 형 에서를 만나기 전에 야곱이 얍복강가에서 목숨을 걸고 기도하고 난 후 형을 만나러 간 것처럼, 에스더도 기도하고 나아간 것이다. 그런데 에서가 먼저 달려와 야곱을 포옹하며 화해를 하였던 기적이 일어났던 것처럼, 여기서도 왕이 어전에서 보좌에 앉았다가 왕후 에스더가 뜰에 선 것을 보고 심히 사랑스러운 마음이 들어 손에 잡았던 금홀을 그에게 내밀어 에스더가 그 금홀을 잡고 목숨을 건질 수 있는 기적이 일어난 것이다.

유대 랍비들은 이 장면을 다음과 같이 해석한다. 3일을 금식하여 육체적으로 쇠약해진 에스더가 죽음을 각오하고 왕에게 나아갔을 때, 뜰에 서서 멀리 왕을 바라보자 그만 두려움에 정신이 혼미해져 쓰러지려고 하였다. 왕은 멀리서 바라보다가 왕후가 기절하여 쓰러지려는 것을 보고 왕후에게 달려갔다. 연약한 왕후의 모습이 너무 사랑스러워 왕은 금홀을 내밀고 에스더는 비틀거리며 다가와서 그 금홀 끝을 붙잡고 서서 쓰러지지 않았다.

남자들은 연약한 여자를 보면 보호본능이 일어난다고 한다. 물론 여자의 등을 쳐 먹는 남자도 있지만 많은 남자들이 여인네가 약한 모습을 보일 때, 자신의 힘을 과시할 기회로 생각하고 용감해진다고 한다. 바사의 왕은 아마도 이러한 보통 남자들의 허세(?)를 보여주는 사례 중의 한 명이었을지도 모른다. 어찌 되었든, 에스더는 목숨을 보존하게 되었다.

에스더 5:3-5

에스더에게 좋은 기회가 왔다. 왕은 지금 마음이 사랑으로 불붙는 것 같아서 나라의 절반이라도 주겠다고 말한다. 그런데, 에스더는 이러한 왕의 마음을 더욱 달구어 놓는다. 당장 자신의 소원을 이야기하지 않고, 자신이 왕을 찾아온 목적을 털어놓지 않는다. 단지 잔치를 베풀었으니 참석해 달라고 한다. 이것은 다음 번에 다시 왕을 만나러 올 때 목숨을 걸어야 하는 모험을 하지 않아도 되도록 기회를 마련하는 것이다. 왕은 기꺼이 참석하겠다고 답변한다. 물론 하만도 같이 오게 하는 것을 잊지 않았다. 왕은 하만과 함께 잔치를 베풀면서 즐기기를 좋아한다는 것을 에스더는 알고 있었다.

에스더 5:6-8

에스더는 여기서 다시 한번 숨을 고른다. 나라의 절반이라도 주겠노라고 할 만큼 왕의 총애를 입고 잔치를 벌려서 왕의 기분도 좋은 지금이 바로 자신의 심중에 있는 말을 할 시기가 아닌가? 그러나 에스더는 한 번 더 기다린다. 이것은 왕의 마음을 졸이게 만드는 전략이다. 처음에는 두려운 마음에 왕에게 말을 하지 못하였다. 그러나 이제 갈수록 에스더는 대담해지고 있을 뿐만 아니라 상대방을 제압하는 모습마저 보여준다. 다시 한번 잔치에 더 나오라고 하면서도 실제로는 하고 싶은 이야기가 있다는 암

시를 준다. "내일은 왕의 말씀대로 하리이다" 하는 이야기는 내일은 자신의 소원을 말하겠다는 뜻이다. 뜸을 들이고 있는 에스더 앞에서 왕은 완전히 사로잡혔다. 이제 주도권은 왕과 하만으로부터 에스더에게로 옮겨진 것이다.

2. 생활 속의 이야기

시카고에 한 청년이 있었다. 그는 아버지가 흑인이고 어머니가 한국인인데 시카고 지역에서 미술대학(Chicago Art Institute)을 졸업한 청년이었다. 이 청년은 시카고에 있는 한 교회 청년들과 함께 한국에 단기 선교로 나갔다가 동두천 지역에서 혼혈아동들의 어려운 생활을 직접 목격하게 되었다. 자신은 비록 흑인과의 혼혈인이지만, 한번도 차별을 경험하지 못하고 유복한 생활을 했던 터라 한국 내에서의 혼혈아동들의 처지를 목격하고는 충격을 받았다.

미국에 돌아와서 자기가 다니는 교회에 보고를 하고 평신도 선교사로 자원을 하였다. 그 교회에서는 이 청년을 선교사로 파송하고, 생활비를 대어주고, 그가 혼혈아동들을 모아서 함께 신앙생활을 할 수 있도록 지원하였다. 이러한 일이 있은 후, 다른 교단에 속하여 있는 전국연합회 산하 이중문화 가정목회협의회에서는 대표단이 동두천을 방문하는 기회를 가지게 되었다. 그 곳에서 동두천 여성들과 혼혈아동들의 생활을 보고 온 방문단은 "이중문화 가정 자녀들의 미래를 찾아서"라는 책을 발간하고 혼혈아동 지원을 모색하게 되었다.

그 당시 이중문화 가정목회협의회에는 부녀국과 아동

국이 있었는데 아동국에서 혼혈아동 지원을 담당하였다. 그 선교사와 이 아동국의 만남은 하나님의 섭리 가운데 이루어졌다. 혼혈아동의 실태에 충격을 받아 자원하여 선교사가 된 선교사와, 한 선교사의 순수한 열정과 헌신에 감동한 아동국은 교파를 초월하여 혼혈아동을 돕기 위한 일에 하나가 되었다. 그래서 혼혈아동 선교회(Mission for Amerasian Children in Korea, MACK)를 탄생시켰다. 이 선교 단체는 한국에 있는 혼혈아동들이 외국인 학교에 가서 공부를 하고, 미국에 있는 아버지를 찾아올 수 있도록 준비시켜 주는 일을 시작하였다가, 혼혈아동들의 교육을 도와주는 기관으로 성장하였고, 지금은 혼혈아동을 위한 학교(Amerasian Christian Academy, ACA)를 설립하는 데까지 성장하게 되었다. 더 나아가 한국 학교에 적응을 잘해서 공부하는 중학생, 고등학생, 대학생들에게 장학금을 수여하고 있고, 가정 형편이 어려운 혼혈아동들의 수업료를 지원하고 있다. 미국 일리노이 주의 오로라 지역에 있는 오로라 기독학교(Aurora Christian School)와는 자매 결연을 맺어서 혼혈아동을 위한 학교를 졸업한 학생들 가운데 미국에 와서 공부할 능력이 되는 학생들에게 장학금을 주어 유학을 올 수 있도록 주선해 주고 있다. 물론 아버지를 찾은 학생들은 여전히 아버지를 통해서 미국에 오는 길을 도와주고 있다.

평범한 한 청년의 일생이 하나님의 섭리 가운데 특별한 일을 계기로 완전히 바뀌어졌다. 미술학도에서 선교사로 변신한 이 청년은 본인 스스로가 혼혈인의 아픔을 체휼하고 그를 위해 헌신하는 주의 종이 되었다. 그의 사랑으로 많은 혼혈아동들이 공부를 하고, 사랑을 배우고, 사랑을 실천하는 사람으로 변화되어 가고 있다. 지금 이 단체는 평신도들이 회장 이하 임원들을 맡아서 전국에서 돕는 회원들과 함께 일을 하고 있다. 그리고 완전히 독립된 비영리 단체가 되어 연방 정부와 주 정부에 등록하여 세금을 감면 받는 기관으로써 매년 정기적으로 외부 감사를 받고 활동 보고를 하면서 일을 하고 있다. 교회에서 시작되었지만 교회를 다니지 않는 사람들까지도 회원으로 가입하여 세상의 빛과 소금이 되는 일을 하고 있다. 하나님의 섭리와 사랑이 놀라울 따름이다. 마치 에스더서에 하나님이라는 단어가 한 번도 나오지 않아도 하나님이 역사하고 계시듯이 하나님은 혼혈아동 선교회를 사용하고 계신다.

3. 묵상을 위한 질문

(1) 당신의 신앙생활을 바꾸어 놓을 만한 특별한 체험의 사건이 있는가?
(2) 강력한 도전을 받고도 아직 결단을 내리지 못한 일이 있는가?
(3) 하나님과 이웃을 섬기기 위하여 어떤 일을 하고 싶은가?

4. 결단에의 초청

내가 참여하지 않아도 하나님의 역사는 진행됩니다. 다만 내가 그 역사의 흐름에서 제외될 뿐입니다. 감사한 것은 하나님은 우리에게 역사에 참여할 기회를 주셨다는 것입니다. 지금입니다. 응답을 바랍니다.

제5과
사필귀정 (事必歸正)
에스더 5:8 - 6:14

1. 성경 이해

에스더 5:9-14

하만은 에스더가 왕과 함께 자기를 잔치에 또 한번 초대했다는 사실에 기분이 좋았다. 그러나 나오다가 모르드개가 대궐 문에 앉은 것을 보고 기분이 엉망이 되었다. 외부의 사건 하나 하나 때문에 일희일비하는 하만을 보면, 감정을 절제하는 에스더와 감정을 조절하지 못하는 하만이 대조된다. 에스더는 지금 모든 분노와 두려움을 절제하고 차분하게 자신의 계획을 진행하고 있다. 그러나 하만은 누가 자기를 대접하면 우쭐하다가도 무시하면 금방 죽일 것처럼 화를 낸다.

잠언 29:11은 "어리석은 자는 자기의 노를 다 드러내어도 지혜로운 자는 그것을 억제하느니라"고 경고하고 있다. 에스더는 지혜로운 자의 표본이요, 하만은 어리석은 자의 표본으로 나타난다. 사실 바사의 왕도 어리석은 자로 등장하고 있다. 와스디 왕후가 명을 거역하였을 때, 진노가 불같이 일어나 왕후를 그 자리에서 폐위시킨 것을 우리들은 기억하고 있다. 그리고 하만과 바사 왕은 또 다른 공통점이 두 가지 있는데, 첫째는 자신의 권력과 영광을 자랑하기 위해 사람들을 불러모아 과시한다는 점이고, 둘째는 자신을 무시하는 사람을 보면 화를 내면서, 주변 사람들의 간악한 충고를 듣고 "그 말을 좋게 여기고" 행동한다는 점이다. 하만은 에스더와는 대조되고, 아하수에로 왕과는 병행되는 모습을 보여준다.

에스더 6:1-4

여기에 왕이 잠이 오지 아니하였다는 것, 역대 일기 중에서 모르드개에 관한 부분을 읽었다는 것, 그리고 그 때 마침 하만이 온 것 등 세 번씩이나 우연히 일어난 것처럼 기록되어 있다. 그러나 이렇게 연속적으로 우연이란 일어날 수 없다. 비록 하나님이라는 단어가 사용되지 않았어도 사람들은 하나님의 섭리가 진행되었다는 것을 알 수 있을 것이다.

하나님의 섭리라도 심리적인 설명이 가능하다. 먼저 에스더는 왕에게 무슨 말을 할 듯 할 듯 하면서도 하지 않았고 처음에는 잔치에 참여해 달라고 청하였다. 그 후에 왕은 잔치에 갔지만, 또 말을 하지 않고 내일 다시 잔치에 참여해 달라고 청하였다. 조급한 성격을 가진 왕은 궁금증만 점점 더해 갔을 것이다. 밤에 잠이 오지 않은 것은 당연하다. 바사의 왕들은 잠이 오지 않을 때 왕들의 역대기를 읽곤 하였다. 역대기를 읽다가 모르드개와 관련된 부분을 찾아냈을 때, 왕은 그렇게 크게 공을 세운 사람이 아무런 포상을 받지 못했다는 것을 알게 되었다. 성미가 급한 왕은 모르드개에 대한 포상을 잔치에 가기 전에 매듭짓고 싶은 생각이 들었을 것이다. 그러나 왕은 자기 혼자 무슨 결정을 내리지 못하고 쩔쩔 매는 성격의 사람이었기 때문에 누가 뜰에 있는가를 물었을 것이고, 하만도 왕후의 잔치에 참여하기 전에 모르드개를 나무에 달고 기분 좋게 잔치를 즐기고 싶었기 때문에 왕의 허락을 받으려고 일찍 어전에 들었기 때문에 왕의 의논 상대가 될 수 있었다.

문학적으로 왕이 잠을 이루지 못하기 전까지 포상이 연기되는 것은 창세기에 나타나 있는 요셉의 이야기와의 병행으로 설명할 수도 있다. 모르드개와 요셉은 이방 왕의 궁정에서 최고 지위의 관직에 오른 점에서 공통된 인물들이다. 처음에는 고생을 하다가 나중에 어려움을 극복하고 민족을 위하여 큰 일을 감당한 점에서도 공통된 인물들이다. 그 어려움을 극복하는 과정에서 술 관원과 떡 관원이 왕의 진노를 받고 감옥에 있다가 요셉의 해몽으로 술 관원이 풀려나고 나중에 왕이 꿈을 꾸고 잠을 이루지 못할 때 하나님이 요셉을 들어 쓰시게 된 것처럼, 모르드개도 왕이 잠을 이루지 못할 때 회복의 기회를 받게 된 점에서 공통된다. 모드드개의 이야기가 요셉의 이야기를 모델로 하였다고 본다면, 왕이 잠을 이루지 못한 것은 우연이 아니라 문학적인 모범을 따른 것이라고 볼 수 있다. 이와 같은 문학적인 모범의 또 다른 예를 보면, 다니엘 6:18에도 왕이 다니엘을 사자 굴에 집어넣고 잠을 이루지 못한 것과, 에스라 6:1-5에서 다리오 왕이 옛날 문헌을 뒤적이면서 고레스의 칙령을 찾은 것을 볼 수 있다. 학자들은 바사 왕에게 은혜를 베푼 자들(kings' benefactors)의 명단이 있었음을 문헌을 통해 밝혀 주고 있다.

에스더 6:5-10

하만과 아하수에로 왕은 여러 가지 점에서 공통점이 있는 것 같다. 둘 다 과시하기를 좋아하고, 어려운 문제에 대해서는 자기 비위를 맞추어 주는 주위 사람들의 이야기에 결정을 의존하고, 자기를 대접하면 금방 좋아하다가 자기를 무시하면 격노하는 성품이 공통점이었다. 여기서 또 다른 공통점은 자신의 심중에 있는 내용을 분명하게 밝히지 않고 애매하게 말하는 습관이다. 3:8에서 하만은 자기가 멸절시키고자 하는 민족의 이름을 말하지 않고 왕에게 유다인을 죽일 허락을 받아내었다. 여기서 왕은 하만에게 자신이 높이고자 하는 사람의 이름을 밝히지 않고 의견을 묻는다.

하만은 왕이 자기를 존귀케 하고 싶어한다고 확신하였다. 왕후도 자기를 왕과 같이 대접하는, 잔치에 두 번이나 초청하였으니 그럴 수도 있다. 더군다나 만약에 모르드개가 하만의 반역 음모에 대해 심증을 가지고 하만에게 절을 하지 않았던 것이라면, 하만이 왕이 되고 싶어하는 마음이 은연 중에 하만의 말 속에 드러난 것이라고 볼 수 있다. 하만이 왕위 계승 욕심을 드러냈다고 하는 간접적인 증거는 하만이 말한 내용이 열왕기상 1:33-35을 보면 다윗이 솔로몬에게 왕위를 계승할 때 명령한 내용과 유사하다는 것이다. 즉 하만은 왕위 계승자에 준하는 대접으로 자신을 대접할 것을 은연 중에 추천하고 있는 것이다. 그러나 빅다나와 데레스가 하만의 사주를 받아 반역을 도모하였고, 모르드개가 그것을 적발하였다면, 이 이야기는 모든 일은 올바른 결론으로 귀결된다는 원리를 보여준다. 왕에 준하는 대접을 받고 싶어했던 하만은 그렇게도 무시하고 싶던 모르드개를 왕에 준하는 대접으로 모시게 되었다.

에스더 6:11-14

창세기의 요셉도 왕복, 왕의 마차 행렬, 환호성으로 대접을 받았다 (창세기 41:42-43). 모르드개도 대접을 받았다. 잠언 29:23에 있는 것처럼 "사람이 교만하면 낮아지게 되겠고 마음이 겸손하면 영예를 얻으리라"는 말이 적용되었다.

굴욕을 당한 하만은 다시 어떻게 반응해야 할지 알 수 없어서 급히 집으로 돌아와 자기가 당한 일을 아내와 모든 친구에게 고하였다. 이번에는 아내 세레스와 지혜로운 친구가 하만의 운명을 예언하듯이 말을 한다. 그러나 감정에 사로잡히고 욕심의 노예가 된 하만에게 지혜로운 충고는 들리지 않는다. 다만 하만은 왕후가 베푼 잔치에 빨리 달려가는 것으로 자신의 지위를 다시 확인하고 싶어한다.

2. 생활 속의 이야기

어느 교회에 전도사님이 있었다. 신학교를 다니는데 등록금과 생활비가 없어서 어려운 처지에 있었다. 이것을 알게 된 할머니 A 권사님은 시장에서 장사를 하시는데, 그 전도사님이 좋은 목사님이 될 것을 기도하면서 매학기 장학금을 내어놓으셨다. 그러나 A 권사님은 교회 재정을 맡은 분과 담임목사님에게 그 장학금을 익명으로 할 것을 요청하였고, 교회에서는 A 권사님의 요청을 들어주었다.

누가 자신에게 장학금을 대주는지 몰랐던 전도사는 그 교회에서 아주 부유하고 성격도 활달한 B 집사님이 장학금을 줄 수 있는 재력과 성품을 가진 것으로 짐작하게 되었다. 더군다나 B 집사님은 아주 당연하다는 듯이 전도사님에게 개인적인 부탁을 자주 하기도 하였다. 전도사님은 장학금을 받은 감사한 마음으로 열심히 그 일을 도와드렸다. 그러나 가난하고 나이 많은 A 권사님이 어쩌다 영어로 온 편지나 공문을 번역해 달라거나 사회보장제도와 관련된 공문서를 작성해 달라거나 하는 개인적인 일을 부탁하면 바쁘다는 핑계로 거절하였다. 물론 바쁜 것도 사실이었다. 신학교 공부를 하랴, 교회 일을 하랴, 자녀들을 키우랴 바쁘기 때문에 사실 개인적인 부탁을 다 들어 주다가는 신학교를 무사히 졸업하기도 힘들었다. A 권사님은 그런 사정을 잘 알기 때문에 바쁘다고 하면 다른 분에게 부탁을 하고 잘 이해해 주셨다.

전도사는 신학교를 무사히 졸업한 후, 안수를 받고, 목사가 되었다. 그동안 전도사로 섬기던 그 교회를 떠나서 다른 교회의 담임목사로 가게 되었다. 재력 많은 B 집사님은 새로 안수 받은 목사님을 따라 교회를 옮기게 되었고, 목사님은 B 집사님을 친형제처럼 생각하고 받들었다. 그렇게 일년이 지났는데, 전에 전도사로 섬기던 그 교회에서 연락이 왔다. 그 나이 드신 A 권사님이 돌아가셨는데, 장례 예배가 있으니 참석해 달라는 것이었다. 자신의 교회 일에 바쁜 젊은 목사님은 정중히 거절하였다. 할 수 없이 그 교회 담임목사님은 A 권사님이 생전에 젊은 목사님의 장학금을 대주었던 사실을 이야기하였다. 그러니 꼭 좀 참석해서 추모의 말씀을 한마디 해달라는 것이었다. 젊은 목사님은 너무 부끄럽고 창피하였다. 그리고 A 권사님의 숨은 사랑에 눈물을 주체할 수 없었다. 장례식에 참석하여 자신이 그 동안 A 권사님의 사랑을 받고 갚지 못한 것을 하나님이 갚아 주실 것을 믿는다는 회개와 소망의 추모사를 하게 되었다. B 집사님은 목사님이 자신의 모든 부탁을 잘 들어주기 때문에 목사님을 따라 다닌 것뿐이었다. 진실은 밝혀진다. 때로는 시간이 걸릴 뿐이다.

3. 묵상을 위한 질문

(1) 선한 일을 하다가 보상받지 못하고 알려지지도 않아서 낙심해 본 적이 있는가? 어떻게 그 심정을 위로 받았는가?
(2) 남의 어려운 처지를 이용해서 자신의 유익을 도모한 적이 있는가? 이미 회개를 하였는가? 아직도 회개하고 있는 중인가?

4. 결단에의 초청

선한 동기와 양심을 가지고 한 일은 반드시 보상을 받게 됩니다. 남을 해치고 이용해 보려고 한 일도 반드시 심판을 받게 됩니다. 잠시 하나님을 속일 수 있을 것 같아도 결국에는 모든 것은 심은 대로 거두게 됩니다. 선을 행하다가 낙심이 되시거든 잊지 않고 갚아주시는 하나님에 대한 믿음을 회복하시기 바랍니다. 속이고 빼앗은 것이 있거든 지금 돌이키시기를 바랍니다. 진실은 꼭 밝혀집니다.

제6과
뒤바뀐 운명
에스더 7:1-10

1. 성경 이해

에스더 7:1-4

에스더가 베푼 둘째 날 잔치는 에스더서에 나오는 총 아홉 번의 잔치 중에서 일곱 번째 잔치에 해당한다. 첫째와 둘째 잔치는 왕의 부와 영향력을 나타내는 것이었다 (1:1-4, 5-8). 셋째 잔치는 왕후 와스디의 여성잔치였다 (1:9). 넷째 잔치는 에스더가 새 왕후가 된 것을 축하하는 결혼잔치였다 (2:18). 다섯째 잔치는 유대인에 대한 음모가 꾸며진 왕과 하만의 술자리였다 (3:15). 이 다섯 번의 잔치는 페르시아 권력자들이 베푼 잔치였다. 그런데 이 다섯 번의 잔치가 마감하는 계기는 에스더와 유대인들의 금식 기도였다. 이것은 잔치는 아니지만, 그 동안의 잔치의 흐름을 유대인 주도의 잔치로 바꾸는 계기가 된다. 그 이후의 여섯째와 일곱 번째 잔치는 에스더가 하만의 속마음을 드러내는 잔치이고 (5:5-8; 7:1-8), 여덟 번째는 모르드개의 조서가 도착한 것을 축하하는 잔치이며 (8:17), 아홉 번째는 반유대인들을 저지하고 휴식한 것을 축하하는 잔치이다 (9:17-19). 그 이후에 유다인들은 매년 잔치를 벌리게 되어 있기 때문에 (9:21-22) 사실 이것은 에스더서에서 실제로 열리지 않은 열 번째 잔치가 되는 셈이다. 즉 바사(페르시아)의 다섯 번의 잔치와 유다의 다섯 번의 잔치를 사이에 두고 에스더와 유다인 전체의 금식 기도가 가운데 있는 대칭 구조를 이루고 있다. 본문의 둘째 잔치는 이처럼 유다인의 주도권으로 넘어가는 잔치의 두 번째 잔치이다.

그러나 바사인에게서 유다인으로 주도권이 넘어가는 과정은 급격하지 않고 점진적이다. 우선 에스더의 잔치 자체가 한 번으로 그치지 않고 두 번에 걸쳐서 조심스럽게 진행된다. 또한 바사 왕이 그렇게 나라의 절반이라도 주겠다고 선언을 하는 데도 에스더는 자신의 소원을 쉽게 말하지 않는다.

막상 에스더는 말을 할 때에도 조심스럽게 한다. 먼저 자신이 왕의 처분에 달린 신분임을 강조한다: "내가 만일 왕의 목전에서 은혜를 입었으며 왕이 좋게 여기시면." 그 다음에는 민족의 문제를 이야기하기 전에 자신의 목숨을 살려달라고 한다. "내 소청대로 내 생명을 내게 주시고"라는 왕후의 말은 왕의 마음을 움직인다. 그 후에 "내 민족을 내게 주소서"라고 말한다. 그러나 이 요청은 왕의 귀에 들어오지도 않는다. "만일 우리가 노비로 팔렸더라면 내가 잠잠하였으리이다"라는 말은 왕후가 죽지 않고 노비로만 팔렸어도 왕을 번거롭게 하지 않았으리라는 말로 자신이 얼마나 다급한 상황에 있는지를 알리는 말이다. 그러나 이 경우에도 자신의 처지가 급한 것보다는 왕의 손해가 막심하다는 점에 초점을 맞춘다. "그래도 대적이 왕의 손해를 보충하지 못하였으리이다." 이제 왕은 왕후가 죽는 것은 자신에게 큰 손해가 된다는 것을 알고 왕후의 생명을 구할 방법을 생각하게 된다. 욕심 많고 백성의 처지를 생각하지 않는 왕에게는 에스더와 같이 개인적인 호감에 호소하고 개인적인 이익을 강조하는 것이 가장 좋은 전략이다.

에스더 7:5-7

왕의 감정이 왕후를 향하여 불같이 일어나는 것을 파악한 에스더는 이제 바로 직접 "대적과 원수는 이 악한 하만이니이다"라고 지적한다. 하만은 갑자기 당한 일에 부들부들 떨고 있다. 왕은 이 시점에서 하만이 유다인을 죽이려고 자기에게 돈을 내어놓은 것과 에스더의 말과의 연결을 전혀 못시키고 있다. 에스더 3:8-9에 보면 하만은 유대인을 거론하지 않고 "한 민족이…… 왕의 법률을 지키지 아니하오니…… 그들을 진멸하소서 내가 은 일만 달란트를 왕의 일을 맡은 자의 손에 맡겨 왕의 금고에 드리리이다"라고 말하였다. 왕은 그 민족이 누구인가를 묻지도 않고 "반지를 손에서 빼어…… 너의 소견에 좋을 대로 행하라" (3:10-11) 하고 허락하였다.

왕은 자기 제국 안에 살고 있는 여러 민족의 형편을 살피고 다스린 것이 아니라 자기 개인의 쾌락과 부귀를 즐기면서 나머지 정치에 관한 일은 골치 아프게 생각하고 하만에게 전권을 맡긴 것으로 볼 수 있다. 그렇기 때문에 여기서도 유다인을 죽이려고 한 하만의 음모보다는 하만이 무슨 일을 꾸몄는지는 몰라도 왕후를 죽이고 그 민족을 죽이려고 했다는 왕후의 눈물어린 간청에 화를 낸 것이다. 왕은 화가 나서 잔치 자리를 떠나 이 사실을 어떻게 처리해야 할지 물어볼 사람을 찾으려고 했을 것이다. (평

소에 자신의 판단과 결정을 내린 적이 없이 주변의 간신들의 의견을 묻던 버릇을 생각해 볼 것.)

 놀란 하만은 왕후에게 생명을 구걸하기 위하여 무릎을 꿇고 왕후의 팔에 매달렸다. 그러나 왕후는 하만을 뿌리치려고 하였고, 그럴수록 하만은 더욱 결사적으로 왕후를 붙잡고 살려달라고 외치고 있는 상황이 되었다.

에스더 7:8-10

 에스더가 왕과 하만만을 그 잔치에 초대했기 때문에 호위병들이나 다른 신하들은 후원에 있었을 것이다. 이들은 왕이 하만에 대해 화를 내며 왕후에게 들은 말로 의논할 때, 왕의 기색을 살펴서 하만을 엄벌하라고 진언했을 것이다. 그 말을 듣고 후원에서 잔치 자리로 돌아오는데, 하만이 왕후의 몸 앞에 꿇어 엎드려 왕후의 몸을 잡고 몸싸움을 하는 장면을 보고 왕후를 죽이려고 했을 뿐만 아니라 이제는 자신이 있는 줄 알면서 강간까지 하려 한다고 오해를 하였다. 왕이 소리를 지르자 왕의 신하들이 달려 들어와 하만의 얼굴을 보자기로 쌌다. 이러한 행동은 처형을 위한 준비이다. 내시 중에 하르보나가 왕에게 환심을 살 절호의 기회로 생각하고 이제 하만을 처치할 방법을 진언하였다. 권력이 하만에게서 모르드개로 이동하는 것을 재빨리 간파한 정치꾼들의 변신을 볼 수 있다.

 하만은 자신이 만든 처형대에 자신의 목을 달게 되었다. 어제만 해도 왕과 잔치에 혼자 초대를 받았다고 좋아하던 하만은 오늘 목숨을 잃었다. 이렇게 해서 하만과 모르드개의 운명은 바뀌고 말았다.

2. 생활 속의 이야기

내가 목회하던 교회에서 자동차로 약 30분쯤 떨어진 곳에 한인교회가 하나 개척되었다. 그 교회 목사와는 친구였고, 또한 참으로 가깝게 지내었다. 그런데, 어느 날 그 개척교회에 어려움이 닥쳤다. 교인이 모두 합쳐서 여섯 가정이 있었는데, 그 중의 네 가정이 목사님에게 반감을 가지고 교회를 떠났다. 그 이유를 들어보니 목회자의 입장에서는 교회를 성장시키려고 과감히 결정을 내린 것이 교인들의 입장에서는 목회자가 독재를 하는 것으로 받아들여진 것이었다. 이런 문제를 해결하려고 목사님이 여러 번에 걸쳐 대화를 시도하여 보았지만, 교인들은 목사님의 태도에 변화가 없다고 판단하고 아예 교회를 떠나버렸다.

이제 두 가정만이 남은 교회를 바라보면서 이 교회 목사님은 크게 낙심하고 있었다. 그 때 나는 우리 교인들과 상의하여 매주일 교인 십여 명을 데리고 그 교회에 가서 예배를 드렸다. 그리고 정성껏 헌금도 하였다. 그렇게 하니까 떨어져 나간 네 가정이 출석하던 때와 같은 예배 분위기가 되고 재정이 충당되었다. 목사님은 새 힘을 얻고 열심을 내게 되었고, 새로 오는 교인들도 교회가 좋아 보여 정착을 하게 되었다. 이렇게 약 십 주간 정도 지원을 나갔는데, 지원 나간 사람들을 제외하고도 교인수가 15명 정도 되어 교회가 자리를 잡게 되었다. 개척 초기의 위기를 넘기게 된 것이다.

그 후 그 목사님은 3년 정도 그 교회를 섬기다가 한국에 대학 교수로 귀국하게 되었다. 그 목사님이 귀국한 후, 감독이 나를 그 교회의 담임목사로 파송하였다. 만약 그 때

마나 많은 축복으로 하나님이 갚아 주시는지 모릅니다. 반면에 이유 없이 남을 죽이려고 할 때, 하나님은 악한 의도를 심판하십니다. 그리고 그 대가는 아주 괴로운 것입니다. 이제 모든 악한 동기와 원한을 내버리고 하나님께 맡기십시오. 그리고 오직 축복하는 삶을 살기로 결심하십시오. 하나님이 우리의 삶을 크게 축복해 주실 것입니다.

내가 교회와 목회자간의 경쟁 심리로 그 교회를 죽이는 일에 협조했다면 어떻게 되었을까? 이런 기적 같은 하나님의 섭리를 체험할 수 없었을 것이다. 그 교회를 살리는 일에 개척 초기부터 열심을 내도록 마음을 움직이신 하나님이 이제는 그 교회를 섬기도록 인도하시니 놀라운 일이 아닐 수 없다. 지금 이 교회는 잘 성장하고 있다. 이웃이 잘되기를 기도하고 축복하는 것이 곧 나 자신을 축복하는 것이 된다. 이웃을 죽이려고 하는 것은 또 나를 죽이는 것이다. 이것은 추상적인 공식이 아니라 내가 직접 체험한 나의 고백이다.

3. 묵상을 위한 질문

(1) 내가 도와준 사람으로부터 나 스스로가 도움을 받아 본 경험이 있는가? 그 경험을 통해 하나님에 대하여 새롭게 깨달은 것이 있는가?
(2) 내가 남을 해치려고 했던 일이 도리어 나를 해치게 된 경험이 있는가? 그 문제로 회개하였는가? 아직도 그 사람과 불편한 관계에 있는가?

4. 결단에의 초청

나를 괴롭히는 사람을 축복하는 것은 쉬운 일이 아닙니다. 그러나 어려운 일이기 때문에 그 대가도 그만큼 높은 것입니다. 나를 죽이려는 사람을 위해 꾸준히 축복하면 얼

제7과
구원받은 공동체
에스더 8:1-9:19

1. 성경 이해

에스더 8:1-8

왕이 하만에게서 거둔 반지를 모르드개에게 준 것은 행복한 결말 같으나 아직 안심할 단계는 아니다. 왕의 변덕과 권력도 변하지 않았고, 더군다나 왕의 칙령과 조서도 그대로 살아 있다. 다시 말하면, 하만 개인은 처리되었으나 유다 민족의 운명은 여전히 위태하다. 왕은 도덕적으로 옳은 결정을 내리는 것에는 관심이 없고, 개인적인 호의로 일을 처리하기 때문에 하만의 집을 왕후 에스더에게 주고, 더군다나 에스더가 모르드개와 자신이 사촌간임을 밝히자 모르드개에게 하만의 집을 주관하게 하는 호의를 베풀어준다. 만약에 에스더와 모르드개의 목적이 개인적인 출세와 영광에 있었다면, 이 두 사람은 여기서 모든 목적을 달성하였다고 볼 수 있다. 그러나 유다 민족이 구원받기 전에는 그들에게 개인적인 평안은 아무 의미가 없는 것이었다.

이제 민족의 문제가 전면에 등장한다. 전에 에스더는 자기가 죽게 되었음을 호소하면서 왕에게 여인으로서의 매력을 무기로 삼았다. 그러나 이제는 자신의 매력을 무기로 삼으면서도 민족이 죽게 되었음을 호소한다. 에스더는 이

전에 반포된 조서를 "왕의 조서"라고 부르지를 않고 "하만이 왕의 각 지방에 있는 유다인을 진멸하려고 꾀하고 쓴 조서"라고 부른다. 이러한 표현은 왕은 잘못한 것이 없는데 하만이 악한 꾀를 쓴 것이라고 말하는 지혜로운 처사라고 볼 수 있다 (Dissociation). 그러면서 유다인을 "내 민족"이며 "내 친척"이라고 부름으로써 에스더 왕후와의 개인적인 관계와 왕과의 간접적이지만 개인적인 관계를 상기시켜준다 (Association).

이러한 호소에 대해 아하수에로 왕은 어떻게 해야 될지 대책을 세우지 못한다. 자신이 아무런 결정을 내릴 능력도 없고 정치적인 문제에 관심이 없는 아하수에로의 전형적인 반응이 나온다. 비록 하만이 쓴 조서가 자신의 의도와는 상관없는 것이었다고 해도, 왕의 이름을 쓰고 왕의 반지로 인을 쳤던 조서를 취소할 수는 없다. 그렇다고 에스더의 청을 거절할 수도 없다. 이런 난처한 입장에서 왕은 자신이 에스더에게 개인적인 모든 호의를 베풀었음을 강조하면서 에스더와 모르드개에게 왕의 반지를 줄 터이니 쓰고 싶은 내용대로 마음껏 조서를 쓰고 반포하라고 맡긴다. 왕은 정치적인 결정보다는 개인적인 호의를 베푸는 차원에서 이 일을 처리한다. 에스더와 모르드개는 이제 자기 민족을 살리는 일이 전적으로 자신들의 손에 달려 있음을 알게 되었다.

에스더 8:9-14

이제 에스더와 모르드개는 민족의 운명을 결정할 조서를 작성하게 되었다. 이전에 내려진 조서를 취소하지 않으면서도 유다 민족의 생명을 살릴 수 있는 조서는 어떤 조서여야 하는가? 한 마디로 요약하면, "유다인 자위권 인정" 조서였다. 이방인들이 유다인을 죽이도록 되어 있는 날, 아홉 달 뒤 아달월 (9월) 13일 하루에 유대인이 스스로 방어할 수 있도록 한 조서였다. 다시 말하면, 그 전 조서는 다른 민족의 사람들이 유다인을 죽일 수 있도록 허가한 것이라면, 이번 조서는 유다인이 스스로를 방어하는 것을 허가한 조서이다. 이것은 하만의 칙령을 무효화시키지 않으면서도 유대인을 구할 수 있는 절묘한 것이었다.

다만 사람들 사이에서는 이 조서의 내용이 너무 잔인하다는 지적이 있어왔다. 거기에 대해서는 (1) 하만의 조서를 인용한 것이라는 견해와, (2) 유대인의 자위권 발동은 거룩한 전쟁의 범주에 들어간다는 견해가 있다 (신명기 20:15-17). 그러나 앞으로 우리가 보게 되지만, 유다인의 행동의 핵심은 살육이 아니라 스스로의 생명을 지키는 것이었다. 즉 조서의 내용은 하만의 조서를 그대로 본뜬 것이지만, 실제 유다인의 행동에 있어서는 전혀 살육과 약탈이 없었다는 것을 주목해야 한다.

하만의 조서: "모든 유다인을 젊은이 늙은이 어린이 여인들을 막론하고 죽이고 도륙하고 진멸하고 또 그 재산을 탈취하라" (3:13).

에스더의 조서: "그들을 치려하는 자들과 그들의 처자를 죽이고 도륙하고 진멸하고 그 재산을 탈취하게 하라" (8:11).

에스더 8:15-17

모르드개의 옷과 면류관은 왕을 제외한 가장 높은 지위의 상징이다. 여기서 우리는 이제 에스더에게서 모르드개로 행동의 중심이 이동되는 것을 본다. 다시 말하면, 그 동안은 에스더가 목숨을 걸고 왕에게 개인적인 매력을 무기로 삼아 조서를 쓰도록 허락 받는 것이 초점이었다. 그러나 이제부터는 유다인은 목숨을 걸고 스스로 싸워서 승리를 해야 하는 상황이 되었다. 에스더보다는 모르드개의 군사적인 행동이 필요한 상황이 된 것이라고 볼 수 있다. 유다인들은 자위권이 주어진 것만으로도 잔치를 베풀며 (에스더서 전체에서 여덟 번째 잔치) 그 날을 기다릴 여유가 생겼다. 본토 백성들 사이에서도 유다인을 치려고 하다가 죽는 것보다는 유다인의 편에서 싸우는 것이 유리하다고 생각하여 유다인으로 개종하는 사람들이 생겼다. 이들은 군권의 통수권자가 모르드개가 되었음을 빨리 간파한 사람들이다.

에스더 9:1-4

아무런 힘도 없이 죽임을 당할 수밖에 없다고 생각된 그 날에 유다인이 자기들의 목숨을 구할 수 있는 자위권이 주어졌다. 그러나 그 자위권은 실제로 행사하여야 사는 것이다. 자기 스스로를 지킬 수 없는 민족은 결국 멸망할 수밖에 없다. 자위권을 넘어서서 침략을 감행하는 것은 무력의 잘못된 사용이다. 유다인은 모든 사람을 죽인 것이 아니라 "자기를 해하고자 하는 자"를 죽였다. 또한 모르드개가 권력을 갖게 되면서 더 많은 사람들이 유다인을 살리는 일을 돕게 되었다.

에스더 9:5-10

유다인이 무차별로 모든 사람을 죽이지 않았음을 여기서 알 수 있다. 죽인 사람을 분류하면 다음과 같다.
1. 대적 (유대인을 미워하여 죽이려고 공격한 사람들)
2. 도성 수산의 오백 명 (소수의 하만의 추종자들)
3. 하만의 열 아들

그러나 중요한 사실은 유다인이 무차별로 사람을 죽이지도 않았고 "그 재산에는 손을 대지 아니하였다"는 점이다. 자기 스스로를 방어하기 위한 극히 제한적인 무력 사용에 그쳤다.

이로써 하만은 5:11에서 자신이 자랑하던 지위, 재산, 자녀, 이 세 가지를 한꺼번에 다 잃어버렸다. 유다인들은 명예와 생명과 자신들의 재산을 보존하게 되었다.

에스더 9:11-16

여기서는 이미 벌어진 일을 왕에게 보고하고, 왕이 왕후에게 보고하는 것을 볼 수 있다. 현장에서 자위권 행사를 지휘하는 것은 모르드개지만, 아직도 이 모든 일을 지휘 감독하는 실권은 에스더에게서 나오는 것을 보여주는 것이다. 왕은 왕후에게 호의를 베풀기 위해서 다시 무엇이든지 시행할 것을 약속한다.

왕후 에스더는 내일도 오늘처럼 조서대로 유다인들이 그들의 대적과 싸울 수 있도록 해 달라고 부탁한다. 하만과 그의 아들들이 처형되고, 그의 추종자들이 멸절되었지만 아직 나머지 잔당들이 있을 것으로 생각한 것이다. 그리고 그 잔당들이 더 이상 다른 생각을 품지 못하도록 아들들의 시체를 공개적으로 매달아 백성이 볼 수 있게 할 것을 건의한다. 여기서도 에스더의 신중하고 점진적인 성격이 드러난다. 시체를 공개적으로 보이는 것은 구약시대에 가장 치욕적인 형벌 가운데 하나였다 (신명기 21:22-23; 사무엘상 31:10-12 참조). 그 결과, 그 다음 날 수도 수산 궁 안에서 삼백 명의 잔당을 처형하고, 제국 전체를 통해서는 칠만 오천 명을 또 소탕할 수 있었다. 이렇게 해서 하만의 추종 세력들과 왕에 대한 반역자들인 동시에 유다인들을 죽이려고 한 세력들의 뿌리가 뽑혔다. 그러나 유대인들의 약탈은 없었다.

성경이 재물을 약탈하였는지 아닌지에 대해 관심을 갖는 이유는 동기의 순수성을 측정하기 위해서이다. 사울은 사무엘상 15장에서 전부 진멸하라는 명령에도 불구하고 재물을 가로챘다. 그 결과 순종이 제사보다 낫다는 유명한 말과 함께 왕의 자격이 없는 자로 선언된다. 그런가 하면 아브라함은 창세기 14:2-24에서 전쟁에서 승리하고 난 후에도 전혀 재물을 받지 않는다. 치부가 목적이 아니라 생명을 살리는 것이 목적이었기 때문이다. 즉 유다인들은 이번 기회에 재물을 얻고 사람을 죽이려고 한 것이 아니라 스스로의 생명을 보존하기 위한 필요한 권리를 행사하였다는 것이다.

에스더 9:17-19

모든 대적들의 위협을 제거한 후에 드디어 에스더서에 나오는 아홉 번의 잔치 중 마지막 잔치가 벌어졌다. 그런데 수도와 지방에서 치른 잔치의 날짜가 다르다. 이것을 다음과 같이 정리할 수 있다.

1. 지방 유대인들: 13일에 싸우고 14일에 축제.

2. 수산 성 유대인들: 13-14일 이틀을 싸우고 15일에 축제. 하만과의 연결이 강력하였던 수산 성에서는 그 다음 날도 잔당을 소탕하기 위해 하루 더 싸워야 했지만, 지방의 추종자들은 하루만에 그 기세가 꺾여 더 이상 싸울 필요가 없었다. 그 결과, 축제는 14일과 15일, 이틀에 걸쳐 벌어지게 되었다.

이 축제는 보통 성경에서 축제 시에 언급되는 기도와 성전 희생제사와 다른 제의적인 행동(레위기 23:4-44)이 언급되지 않는다. 그 대신 서로 예물을 주는 축제를 벌린 것을 볼 수 있다. 아마 이방 땅에서 오래 살면서 전통적인 절기나 축제 법규를 잊었거나 변경해서 사용했으리라고 짐작된다. 미국에 사는 한인 동포들의 추석이나 설날이 한국에서 지키는 것과는 세부사항에서 많은 차이가 나는 것과 마찬가지다.

이렇게 해서 민족이 당했던 일시적 위기는 넘길 수 있었다. 이제는 위기를 넘기고 생존하는 차원에서 한 번 잔치를 하고 말 것인가 아니면 이 기회를 민족의식과 공동체 형성의 좋은 기회로 삼을 것인가 하는 숙제가 남아 있다. 유대인들은 후자의 길을 선택하였다.

2. 생활 속의 이야기

미국이 9·11 테러 공격을 당한 뒤 행정부와 치안 당국이 나서서 거듭 당부한 내용 중의 하나는 아랍 사람이라고 해서 무조건 미워하거나 개인적인 공격을 하지 말라고 하는 것이었다. 그럼에도 불구하고 많은 아랍 사람들이 욕을 먹거나 피해를 보는 사례들이 자주 보도되었다. 어떤 아랍인들은 개인의 사업을 위해서 아예 이름까지도 미국식 이름으로 개명하는 사례들도 생겨나게 되었다. 어떤 경우에는 아랍 사람이 아닌데도 미국인들이 아랍과 동남 아시아를 구분할 줄 모르는 것 때문에 인도, 인도네시아, 파키스탄 사람들이 피해를 당하는 경우도 생기게 되었다. 법은 멀고 주먹은 가깝다고, 그런 일들은 미행정부나 치안당국의 선언에도 불구하고 주변에서 알게 모르게 진행되고 있다.

이러한 사실을 보면서 우리 한인들은 다음과 같은 사실을 생각하지 않을 수 없었다. 미국 대통령이 이란과 이라크와 북한을 "악의 축"이라고 규정하고, 여차하면 그 세 나라에 무력 공격을 감행할 것을 공개적으로 선언하였다. 그런데 만약에 그 중에서 북한이 공격을 당하고, 미국이 북한의 대응을 받게 되는 경우가 생긴다고 가정하자. 그렇다면, 미국인들이 미국 내에 있는 한국인들이 남쪽에서 온 사람인지 북쪽에서 온 사람인지 구별할 수 있을 것인가? 그렇지 못할 것이다. 한국인과 중국인도 구별할 수 없는 사람들이 어떻게 남과 북의 사람들을 구별할 수 있을 것인가! 북한과 싸움이 붙는다면 아마도 남쪽 출신의 사람들에게도 "악의 축"에 준하는 취급을 할 것이 분명하다. 우리가 원하든 원하지 않든 우리는 한 묶음으로 취급될 것이며, 그런 과정에서 많은 선의의 피해자들이 생겨나게 될 것이다. 내가 아무리 미국 주류 사회에 동화된 미국인이라고 주장해도 상대방이 그렇게 인정하지 않는 경우다.

개인적인 삶이 도덕적이고 성실하였다고 하여도 민족의 문제가 해결되지 않을 때, 개인에게도 깊은 영향을 미친다는 것은 아주 분명한 사실이다. 이것은 우리들이 한국 전쟁과 일본의 강점을 거치면서도 알게 된 일이다. 개인적인 성공과 지위 확보를 하는 것만으로도 힘겨운 이민자들에게 민족의 문제까지 관심을 가지고 살아야 한다는 것은 너무 지나친 짐이 될 수도 있다. 그러나 그것이 우리들의 삶이고 우리들의 십자가이다.

3. 묵상을 위한 질문

(1) 나 개인의 삶이 민족의 문제와 깊은 관련이 있다고 느껴 본 때는 언제인가?
(2) 우리 민족의 문제 중에서 내가 관여할 수 있는 일들은 어떤 것이 있는가? 지금까지 해 온 일들은 어떤 것들인가?
(3) 어떤 사람들은 9월 11일을 미국의 기념일로 제정해야 한다고 생각한다. 만약 성도님이 현재와는 다른 절기를 만들 수 있다면, 어떤 절기를 만들고 싶은가? 왜 그런가?

4. 결단에의 초청

이제는 먹고사는 문제도 안정이 된 것 같고, 자녀들도 어느 정도 자랐습니다. 그러면 이제 공동체의 문제에 눈을 돌려야 할 때가 되지 않았습니까? 골프장에 나가서 운동과 친교를 하는 것, 친구들과 만나서 회포를 풀고 물건을 사러 다니며 여행을 하는 것도 꼭 필요합니다. 우리들은 영적인 건강, 정신 건강, 육체의 건강에 시간과 노력을 투자해야 하기 때문입니다. 그러나 건강 자체가 목적이 되어서는 곤란합니다. 건강한 육신과 정신과 영을 가지고 할 일이 있습니다. 개인을 넘어서는 공동체를 살리는 일이 그것입니다. 공동체를 살리는 일에서 인생의 또 다른 차원과 의미를 발견하는 축복이 있기를 기도합니다.

제8과
대대로 기념하라
에스더 9:20-10:3

1. 성경 이해

에스더 9:20-28

부림절은 하누카(수전절)와 마찬가지로 모세 오경에 기록되어 있는 절기가 아니다. 주전 164년에 유대 마카비가 셀루시드 왕조에 대항하여 거둔 승리를 기념하는 축제가 하누카인데, 부림절과 하누카는 모세 오경 이후에 새로 제정되어 대대로 지키고 있는 절기이다.

전통적인 절기로는 우리가 알고 있는 안식일, 안식년, 희년(50년), 월삭(매달의 첫 날)과 같은 정기적인 절기가 있고, 유다인 남자가 성전 제사에 참석해야 하는 세 번의 순례 절기가 있는데 다음과 같다: (1) 출애굽하여 구원받은 것을 기념하는 유월절과 무교절 (출애굽기 12장, 23:15; 34:18; 레위기 23:5-8; 민수기 9:1-14; 28:16-25; 신명기 16:1-8; 에스겔 45:21-24), (2) 보리 한 오멜을 바친 후 일곱 주를 지나서 밀 추수를 시작할 때에 지키는 오순절 (맥추절: 출애굽기 23:16; 34:22; 칠칠절: 레위기 23:15-21; 민수기 28:26-31; 신명기 16:9-10), (3) 추수가 끝난 후 일곱째 달에 15일부터 22일까지 일주일간 축제로 지내는 수장절 (출애굽기 23:16; 34:22; 레위기 23:33-36; 민수기 29:12-39;

신명기 16:13-18; 에스겔 45:25). 각 절기의 이름이 성경에 따라 약간씩 다르기 때문에 주의를 요한다. 다시 말해서 오순절·칠칠절·맥추절은 같은 절기이며, 수장절·초막절·장막절도 같은 절기이다. 그리고 유월절과 무교절의 관계를 혼동하기 쉬운데, 첫 달 14일 저녁을 특별히 유월절이라고 하고, 그 전체 기간인 14-21일까지 일주일을 무교절이라고 한다.

전통적인 절기에는 성전에서 희생제사를 드리며 기도와 의식을 행하는 것이 보통인데, 부림절은 잔치를 베풀고, 즐기며, 서로 예물을 주고, 가난한 자를 구제하는 것이 절기의 내용이다. 이런 축제의 다른 예로는 느헤미야 8:10-12에 있는 성경 봉독 축제와 사무엘상 1:5에 있는 실로의 축제 등을 들 수 있다.

또한 이 부림절은 14일과 15일 양일간 다 기념한다. 지방에서의 기념일(14일)과 수도에서의 기념일(15일)을 다 지키는 것이다. 부림절이라고 하는 이유는 "부르"가 아카드어로 "제비"라는 뜻의 단수형인데, 두 날을 지키기 때문에 복수로 부림절이라고 하는 것이다. 부림절은 적을 섬멸한 날을 기념하는 것이라기보다는 유대인들이 평안을 얻고 운명이 바뀐 것을 기념하는 날이다. 13일은 에스더의 금식을 기념하기 위하여 금식을 하고, 14일은 에스더서를 낭독하고, 가난한 자에게 선물하고, 집에서 잔치를 한다. 이것은 스가랴 8:19에서 말한 대로 "만군의 여호와가 이같이 말하노라 넷째 달의 금식과 다섯째 달의 금식과 일곱째 달의 금식과 열째 달의 금식이 변하여 유다 족속에게 기쁨과 즐거움과 희락의 절기가 되리니 오직 너희는 진리와 화평을 사랑할지니라" 하는 예언이 성취된 것으로 볼 수 있다.

에스더 9:29-32

에스더는 아비하일의 딸이었다. 아비하일이라는 이름은 "나의 아버지는 강하다"는 뜻이다. "강하다"는 뜻의 "하일"은 육체적인 힘, 세상 권력, 재물, 학식, 인격, 품위 등이 다 있는 사람을 말한다. 단지 힘이 세거나 권력이 있다고 이런 칭호를 받을 수는 없다. 에스더는 이와 같은 의미에서의 강한 자의 딸로서 왕비가 될 자격이 있을 뿐만 아니라 민족을 구할 인물이라는 것을 암시한다.

비록 모르드개가 유다인의 지도자로 행동하였지만 성경은 에스더가 조서를 쓰고 부림절을 지키게 하였으며 모든 규정들을 견고하게 하였다고 기록하고 있다. 에스더의 왕후로서의 권위가 이 절기를 제정하게끔 뒷받침해 주었던 것이다. 그러나 모르드개와 에스더의 관계는 서로 도와 민족을 위해 일한 관계이지 누가 더 높은가 하는 관계가 아니다.

에스더 10:1-3

아하수에로 왕은 더 이상 뇌물을 받거나, 약탈을 해서 국고를 채우지 않고 조공을 받았다. 이것은 아하수에로 왕의 행정이 정상적으로 돌아섰다는 것을 의미한다. 하만의 정권 하에서는 약탈과 폭력이 정상이었다. 그러나 모르드개를 높여 정권의 수반으로 삼은 후에는 왕의 "능력과 행적"이 메대와 바사의 열왕기에 기록될 수 있을 정도로 정상화되었다. 더군다나 모르드개 자신도 존귀와 명예를 차지하게 되었다. 그러나 개인적인 출세와 성공이 에스더의 주제였던가? 아니다. 에스더는 그 마지막을 "그의 백성의 이익을 도모하며 그의 모든 종족을 안위하였더라"라고 적고 있다. 모르드개가 높이 되었어도 그것은 바로 이 일을 위한 것이었다. 에스더가 왕후의 위를 얻은 것도 바로 백성의 이익을 도모하고 종족을 안위하기 위한 것이었다. 이제 모르드개가 중심이냐 에스더가 중심이냐 하는 문제는 논의하지 말기로 하자. 하나님은 그 종들을 사용하셔서 당신의 백성을 섬기기를 원하신다.

2. 생활 속의 이야기

미국에는 중요한 인물들을 기념하는 여러 기념일들이 있다. 노예 해방을 선언한 아브라함 링컨의 생일이 기념일로 되어 있으며, 흑인들의 민권운동을 주도하여 노벨 평화상을 수상한 마틴 루터 킹 주니어를 기념하는 날도 있다. 그런데 한국에서 그렇게 중요한 인물들을 기념하는 날이 있는가를 생각해 본다.

한글날이나 개천절이 세종대왕이나 단군 시조를 기념하는 날이라고 할 수 있다. 그러나 현대 한국 역사에서 특출한 지도자를 기리는 기념일이 없다. 한국에서도 백성을 위해서 목소리를 내고 자신을 희생한 사람들을 기념하는 날을 제정하여 지도자는 어떤 삶을 살아야 되는가 하는 표준을 정하는 것이 필요하다. 자기의 이익과 출세만을 생각하고 백성을 괴롭히는 정치인들을 가려내고, 백성을 위해 헌신하고 희생하는 지도자들을 키워야 할 것이다.

미국에 사는 한인 이민자에게도 이러한 지도자를 기르는 노력이 있어야 할 것이다. 이민 1세 부모 세대는 에스더를 기른 모르드개와 같이 자녀들이 주류 사회에서 일정한 자리에 오를 수 있도록 뒷받침해 주는 노력이 필요하다. 그리고 이민 2세 자녀 세대는 자신의 성공과 출세를 한인 이민 공동체 전체의 행복과 안정을 위해 사용할 수 있는 지도자가 되어야 한다. 그렇게 해서 한인 이민자들이 미국 사회 전체가 기념할 만한 기념일을 제정하는 주인공들이 되어야 한다. 물론 이것은 우리의 이름을 내고자 하는 바벨탑 계획이 되어서는 안 된다. 이것은 여러 민족들이 다 혜택을 입고, 공동으로 살면서, 서로 존중하는 사회를 이루는 데 기여한 공로로 다른 민족들이 지도자로 인정하여 주어지는 것이다.

우리의 정체성을 숨기거나 부끄러워하지 않으면서도 다른 민족들과 사람들의 정체성을 무시하지 않고, 함께 사는 사회를 건설하는 것이 에스더의 이상이다. 이것을 위하여 우리는 개인적인 재능과 위치를 헌신하여 존경받는 지도자, 하나님께 쓰임 받는 하나님의 백성들이 되기를 기도해야 한다.

3. 묵상을 위한 질문

(1) 나는 적어도 "이러한 사람이라면 존경할 수 있겠다" 할 수 있는 내용을 적어 보라.
(2) 지금 나 자신의 모습은 내가 적은 내용과 가까운가 아니면 멀다고 생각하는가? 만약 그 내용이 나와 멀다면 왜 그런가? 어떻게 하면 가까워질 수 있는가?

4. 결단에의 초청

하나님은 성도님을 아주 귀하게 여기십니다. 태어나기 전부터 하나님은 성도님을 위한 계획이 있으십니다. 지금도 그 계획은 진행 중입니다. 많은 생명을 살리고, 수많은 사람들을 도우며, 하나님의 영광을 드러낼 수 있는 삶의 계획입니다. 사람들은 지금 성도님의 영적, 물질적, 정신적인 도움을 필요로 하고 있습니다. 그러나 이런 사명을 받은 사람은 성도님 한 분만이 아닙니다. 주변을 살펴보면 많은 사람들이 이런 뜻과 헌신을 가지고 있는 것을 볼 수 있습니다. 이런 사람들이 힘을 모으면 많은 사람들이 하나님의 뜻을 실천하며 함께 살 수 있는 세상을 만들 수 있습니다. 이제 현재 있는 위치에서 가지고 있는 것으로 시작하십시다. 하나님의 인도하심을 믿고 한 걸음 한 걸음 나아갈 때, 하나님은 성경을 통해 주신 약속을 이루어 가실 것입니다. 성도님의 삶은 분명히 의미와 뜻이 있는 소중한 것입니다. 성도님은 "남성 중심 사회에서 여자로서 남성의 권력을 이용할 줄 아는 여자, 소수민족인 유대인으로서 자기 사촌 모르드개의 출세를 돕고 민족을 구한 사람, 드러내지 않고 지혜와 기지를 발휘해서 하나님의 뜻을 이룬 사람"이었던 에스더와 같이 될 수 있습니다. 성도님께 하나님의 축복이 함께 하시기를 빕니다.

www.ingramcontent.com/pod-product-compliance
Lightning Source LLC
Chambersburg PA
CBHW010918040426
42444CB00016B/3449